CATALOGUE

D'UNE COLLECTION

D'ESTAMPES ANCIENNES

ET MODERNES,

PAR LES MEILLEURS GRAVEURS DE TOUS LES PAYS,

du XVme au XVIIIme siècle :

D'UNE

COLLECTION DE BEAUX PORTRAITS

PAR LES MÊMES GRAVEURS,

Provenant du Cabinet de M. de L. C., [la Combe]

DONT LA VENTE SE FERA

Le lundi 9 mars 1846 et jours suivants, six heures du soir,

RUE DES JEUNEURS, N. 16.

HOTEL DES VENTES,

SALLE N. 3,

Par le ministère de Mᵉ BONNEFONS DE LAVIALLE,

Commissaire-Priseur, rue de Choiseul, nᵒ 11,

EXPOSITION PUBLIQUE

Le dimanche 8 mars, de midi à 5 heures.

Le présent Catalogue se distribue à Paris,

Chez Mᵉ BONNEFONS DE LAVIALLE, Commissaire-Priseur, rue de Choiseul, nᵒ 11 ;

M. DEFER, Marchand d'Estampes, quai Voltaire, nᵒ 19.

1846.

ORDRE DES VACATIONS.

1re, *Lundi* 9 *mars*.

Graveurs italiens.	13 à 47
Graveurs allemands.	47 à 104
Graveurs flamands et hollandais	105 à 125

2e, *Mardi* 10.

Graveurs en bois.	1 à 12
Suite des graveurs flamands et hollandais . .	126 à 228

3e, *Mercredi*, 11.

Graveurs français.	229 à 339
Graveurs anglais.	340 à 359

4e, *Jeudi*, 12.

Maîtres inconnus ou à monogrammes. . . .	360 à 370
Portraits	371 à 457
Livres sur les arts	458 à 488

Les numéros qui suivent la désignation des sujets sont ceux de *Bartsch* pour les maîtres flamands et hollandais, et ceux du peintre-graveur français, de M. Robert-Dumesnil, pour les maîtres français.

M. Defer, expert, dirigeant la vente, se charge des commissions de la France et de l'étranger.

CINQ POUR CENT EN SUS DES ENCHÈRES.

AVANT-PROPOS.

Les estampes que nous offrons aujourd'hui ont été toutes recueillies par un ami sincère des arts, qui ne mettait aucune vanité dans ses achats, et voulait simplement étudier de plus près les graveurs des diverses écoles. Son intention était de réunir un spécimen des divers maîtres de toutes les écoles. Successivement, les pièces faibles devaient être remplacées par des pièces plus capitales. Telle que nous l'offrons, cette collection pourra offrir de l'intérêt à plus d'un amateur; elle renferme plusieurs pièces qui ne dépareraient pas les plus beaux cabinets connus. De ce nombre, de très belles épreuves, de beaux morceaux gravés au burin par Mantegne, Albert-Durer, Lucas de Leyde; d'autres, gravées à l'eau-forte, par Rembrandt, Van-Dyck, Paul Potter, Claude-le-Lorrain; une suite curieuse de costumes, par A. Bosse; des compositions capitales de Rubens, gravées par Bolswert, Vorsterman, Pontius, Suyderhoëf et autres artistes, ses contemporains. Les estampes de Vischer, Goltzius, Bloemaert, et autres graveurs célèbres d'Italie, d'Allemagne, de France, et des Pays-Bas, du seizième au dix-septième siècle.

Par Morghem, la Transfiguration avant la lettre; la Cène, d'après Léonard de Vinci; par Strange, la Cléopâtre, avant la lettre; autres sujets, par Woollett, Raimbach, Toschi, Desnoyers, Dupont et autres habiles graveurs, du dix-huitième au dix-neuvième siècle.

D'une collection de plus de *quatre cent cinquante* portraits, parmi lesquels on remarque ceux gravés à l'eau-forte par Van-Dyck et, d'après lui, par les meilleurs graveurs, ses contemporains; de curieux et rares portraits, par Léonard Gaultier, Thomas-de-Leu, Crispin-de-Passe; autres, par Drevet, Edelinck, Nanteuil, Masson, Van-Dalen, Bloteling, etc., etc.

Quelques livres sur les arts, tels que, pour la gravure; *le Peintre-Graveur*, de Bartsch, ceux de MM. Robert-Dumesnil et Weigel, les dictionnaires de Basan, Brulliot, etc. Divers ouvrages sur la peinture, dont Descamps, *Vies des Peintres Flamands et Hollandais*, et autres recueils qui complètent cette jolie collection d'un amateur de goût.

DÉSIGNATION.

GRAVEURS EN BOIS.

1 — ALDORFER. Vingt-quatre pièces gravées en bois, de la suite des quarante de la chute de l'homme.

2 — ASSEN (WALTER-VAN). Cinq sujets de la Passion, morceaux très rares inconnus à Bartsch.

3 — AMMAN (JOSSE). *Fama*. Imprimé des deux côtés.

4 — BEHAM (H. S.). Vierge n° 123.

BALDUNG (Hans). Adam et Eve, n° 1. de *Bartsch*, Jésus-Christ 42. Les Parques 44. Les Chevaux 56.

BURGMAIER (Hans). La Femme à cheval sur son mari 73. En tout six pièces.

5 — CRANACH (Lucas). Adam et Eve 1. Une pièce de la Passion. Trois pièces des Martyres des Apôtres, une imprimée des deux côtés, et l'autre représente une guillotine. Saint Jérôme, n° 63. Sainte Marie l'Egyptienne, 72. Sept pièces.

6 — DURER (Albert). Samson n° 2 et les n° 10, 43, 44, 68, 73, de la grande et petite Passion et de l'Apocalypse et n° 127. Deux pièces pour le Triomphe et Portrait d'Albert Durer 156. Onze pièces.

7 — La Vie de la Vierge n° 87, suite de vingt planches, premier état avant le texte *au verso*.

8 — GOLTZIUS (Henri). Camaïeu n° 238.
HOLBEIN (Hans). Sujet de l'Ancien Testament. Six pièces imprimées des deux côtés.

9 — S. B. (monogramme). Soldat jouant de la flûte. Cette petite pièce assez curieuse en ce qu'elle prouve la réalité d'un vieux maître que *Heller* indique, et qui semble niée par *Brulliot* (2 vol. n° 2165).

10 — SCHAUFFLEIN (Hans). Sujet de la Passion 28. Le Seigneur entre deux Dames, 96. Les Danseurs de noces, 103. Trois pièces.

11 — WORMS (a). Cinq pièces de la Passion.

12 — MAITRES DIVERS INCONNUS. Saint Jérôme, n° 1. par le maître à l'oiseau I. B. Portrait de Mélanchton, attribué à Holbein. Assemblée de Docteurs, on lit C. V. *in Venitia apresso Ludovico Ziletty* 1515. Et cinq sujets costumes militaires, deux en camaïeux. En tout huit pièces en bois par des anonymes allemands.

GRAVEURS ITALIENS.

DU XV° AU XIX° SIÈCLE.

13 — *Estampes gravées à l'eau forte et au burin.* *Amato*, l'Enfant prodigue, n° 1. *Torbido del Moro*, n° 3 de Bartsch, et les quatre saisons n° 22, premier état. *Ch. Albert*, n° 23. *Bartoli*, la chèvre Amalthée. *N. Béatrizet*, n° 94. *Carpioni*, saint Antoine de Padoue, n° 11. Premier état. *Castiglione*, Etudes de têtes orientales, 12 p. et résurrection du Lazare, n° 6. *C. Cort.* Saint Jérôme, d'après le Titien, premier état avant le nom, la Calomnie d'après Zucchars. *Cunego*, un essai à l'aquatinta, Rome 1790. *Farinati* n° 5. *Fialetti*, n. 8 et 11. *Gandolphi*, Tête de Vieillard. *Angelica Kauffman*, Femme assise. *Leone*, animaux. *Laurent Lolli*, n. 1, 10, 14 et 26. Londonio, six pièces animaux. *Mercale*, le Baptême de Jésus, 1. *Palme*, saint Jérôme et le pape Damase, premier état avant le n° *Podesta*, n. 2, 3, 5 et 7, d'après le Titien. *Pomarède*, les quatre triomphes, et les Disciples d'Emmaüs, d'après Paul Véronèse, épreuve avant la lettre. *Procaccini*, n. 1, sainte Famille, avant l'adresse de Mariette, n. 3. Repos en Egypte. *Martin Rota*, le denier de César, d'après Titien. *Salvator Rosa*, son Génie, allégorie. *Sargell*, Jo-

seph vendu par ses frères, pièce rare. *Schiaminossi*, n. 91. *Sirani*, Apollon et Marsyas, *P. Testa*, n. 23. *Tripolo*, le petit Faune. *Torro Flamini*, n. 3. *Valesio*, n. 6, et douze têtes dans un ovale. *Villamena*, sainte Magdeleine. Cet article formera plusieurs lots.

14 — Douze pièces par et d'après des maîtres de l'école d'Italie.

15 — ANDREA (Zoan ou Jean). Danse de quatre femmes, d'après Mantègne; n. 18. Rare.

16 — AUGUSTIN VENITIEN. Les Israélites ramassant la manne; n. 20, premier état.

17 — Le Portement de croix, n. 28, deuxième état avec l'année 1519. Hercule étouffant le lion de Némée, n. 287. Belle épreuve.

18 — BAROCHE (Frédéric le). L'annonciation, n. 1. Saint-François stigmatisé, n. 3.

19 — BONASONE (Jules). Clélie traversant le Tibre, n. 83.

20 — La Naissance de saint Jean, n. 76. Belle épreuve d'une pièce capitale, elle est avec la première adresse et signée de *P. Mariette*.

21 — CANTARINI dit le PESARÈSE. Repos en Egypte, n. 2, 3, 4, 6. Sainte Famille, n. 10 et sa contre-épreuve. Sainte Famille, n. 13. Vierge et enfant Jésus, n. 18. Saint Jean, n. 23. Saint Sébastien, n. 24 et deux copies, une seule est décrite. Onze estampes.

22 — Saint Antoine de Padoue, n. 25, premier état. Saint Benoît délivrant un possédé, n. 27, premier état. Le Quos ego, n. 29, deuxième état. L'enlèvement d'Europe, n. 30, premier état. Mercure et Argus, premier état. Mars et Vénus, n. 32. Vénus et Adonis, n. 33. La Fortune, premier et deuxième état, et copie non décrite. Frontispice de livre. Onze estampes.

23 — Caraglio. L'Annonciation, d'après Raphaël; B. n. 2.

24 — Carrache (Annibal). L'Adoration des bergers, B. n. 2. Le couronnement d'épines, n. 3. Saint Michel, n. 12. Le Christ craprarol, n. 4. Saint Jérôme, n. 14. Saint François d'Assise, n. 15, belle. Par *Louis Carrache*, la Vierge de 1604, épreuve et contre-épreuve. Sept pièces.

25 — Carrache (Augustin). Saint Jérôme, n. 75, état non décrit avant les noms et les inscriptions.

26 — Saint Jérôme, n. 76. Mariage de sainte Catherine, n. 97. Même sujet, d'après P. Veronèse, 98. Trois pièces.

27 — Le corps mort de Jésus-Christ, d'après Paul Veronèse, n. 102. Deux épreuves, une du premier état, très belle.

28 — Mercure et les Grâces, n. 117. Mars renvoyé par Minerve, n. 118, belles pièces du maître. Belles épreuves, un double du n. 117. Trois pièces.

29 — Suite de dix estampes rares, n. 182-191, pour le poëme de la Jérusalem délivrée, imprimé à Gênes en 1590, seulement neuf pièces, quelques-unes avant les numéros. On a joint à cette suite neuf pièces par *J. Franco* pour le même ouvrage.

30 — CORT (Corneille). Saint Jérôme, d'après Le Titien, premier état avant le nom. La Calomnie, d'après Zucharo.

31 — FOLO. Sainte Famille d'après Raphaël. Esope, le philosophe Mende, le Nain, trois pièces d'après Velasquez. Beau portrait de femme d'après Ant. Moro. Isaac bénissant Jacob et Saint Jean d'après Ribera. Sept pièces d'après les tableaux de la galerie de Madrid, par divers graveurs.

32 — FRANCO (Batista). Un homme donnant audience, n. 79.

33 — GHISI dit MANTUAN (Georges). Vénus embrassant Adonis au retour de la chasse, n. 42. Les noces de Psyché, par *Diana Mantuan*, et copie du n. 43, par *Gaspard Avibus*.

34 — GUIDO RENI. Sainte Famille, n. 9, premier état avant le nom. Sainte Famille, n. 10. L'enfant Jésus et saint Jean-Baptiste, n. 13. Saint Jérôme, n. 15. Ecole du guide, n. 6. Saint Michel, n. 29. La Vierge et l'enfant Jésus, belles estampes. Six pièces.

35 — LABELLE (Etienne de). Sainte Famille, pre-

mier état. Saint Jean, deux frontispices, suite d'ornemens, douze pièces. Les Maures, suite complète, dix pièces. En tout, trente-huit pièces.

36 — Le Reposoir, premier état avant l'adresse. Morceau capital du maître.

37 — MANTÈGNE (André). Combat de deux Tritons, n. 17. L'envie excitant des divinités marines à combattre l'une contre l'autre, n. 18. Belles épreuves *cabinet Poggi.*

38 — MARATTE (Carle). Annonciation, n. 2; deux épreuves, une est avant la lettre. La Visitation, n. 3. Jésus adoré par les anges, n. 4; deux épreuves, une est avant la lettre. (Bartsch n'indique pas d'épreuve avant la lettre.) L'Adoration des mages, n. 5. Sainte Vierge et la Madeleine, n. 6; avant la lettre. Mariage de sainte Catherine, n. 10; avant la lettre. L'Assomption de la Vierge, n. 8; deux épreuves, une avant la lettre. La Vierge et saint Jean, n. 9. Saint André, n. 11. Saint Charles Boromée, n. 12. En tout, treize pièces.

39 — MOLA (Pierre). Jésus-Christ et la Samaritaine, n. 2; deux épreuves, une est avant la lettre. La sainte Vierge, n. 3.

40 — MORGHEN (Raphaël). La Cène, d'après Léonard de Vinci, ancienne et belle épreuve.

40 bis. — La Transfiguration, d'après Raphaël, belle épreuve avant la lettre.

41 — RAIMONDI (Marc-Antoine). Joseph et Puti-

phar, d'après Raphaël, n. 6; très belle épreuve.

42 — Les Fiançailles de la Vierge, n. 6; copie d'Albert Durer.

43 — Ravenne (Marc de). Les Squelettes, n. 425, premier état.

44 — Ribera dit L'Espagnolet (Joseph). Le corps mort de Jésus, n. 1. Saint Jérôme lisant, n. 3. Saint Jérôme saisi de frayeur, n. 4, Saint Jérôme, n. 5. Quatre pièces belles.

45 — Martyrs de Saint Barthélemy, n. 6. Saint Pierre pleurant son péché, n. 7. premier état. Le Satyre fouetté, n. 12. Trois pièces.

46 — Silène, n. 13. Belle épreuve d'une pièce capitale du maître

47 — Toschi (M.) Entrée de Henri IV dans Paris, d'après Gérard; belle épreuve de souscription, sur papier de Chine.

GRAVEURS ALLEMANDS.

DU XVe AU XVIIIe SIÈCLE.

A l'eau forte et au burin.

48 — Aldegrever (Henri). Son portrait, n. 189.

49 — N. 32, 13, 44. Copie du 201. Quatre pièces, n. 134. 72, Titus Manlius (pièce curieuse indiquant déjà la guillotine à cette époque), 73 et 174. Quatre pièces, trois sont belles épreuves.

50 — Travaux d'Hercule, n. 83, 84, 88 et 94.

51 — Histoire de Thamar, n. 22, 24 et 28.

n. 71. Soldats jouant du trombonne, Quatre pièces.

52 — L'Annonciation, n. 38. La Nativité, n. 39, et la copie. Bon Samaritain, n. 41 et 42. Vierge assise, n. 52. Six pièces, belles épreuves.

53 — Histoire de Suzanne, n. 30, 31 et 33. Belles épreuves. Histoire de Loth, n. 14 à 17, suite complète. Belles épreuves.

54 — Histoire d'Adam et Ève, 1 à 6. Belles épreuves, d'une suite complète.

55 — Beham (Barthelemi et Hans Sebald). Judith, n. 12. La Samaritaine, n. 24. L'Enfant prodigue, n. 82. Trajan, n. 112. Léda, n. 135. La Force, n. 138, copie. L'impossible, n. 149, premier état. La jeune Femme et la Mort, n. 150. La Mort se saisissant d'une femme, premier état, armoiries, n. 196, 197, 200, 256; quatorze pièces, belles épreuves.

56 — Notre Seigneur de douleurs, n. 26, copie 95. soldats, 199. La Mélancolie, n. 144. Le Berger, n. 216. Génie, n. 258. L'Amour postillon, n. 32. Sept pièces, par B. Beham.

57 — La Vierge au perroquet, n. 19. Le Sauveur, n. 30. Les Évangélistes, n. 55 à 58. Et les planettes. Treize pièces. 13

58 — Les Noces de village, dont quelques copies. Seize pièces. 8.25

59 — Les travaux d'Hercule, belle suite complète

de 12 pièces, le plus grand nombre des premiers états indiqués par M. *Robert-Dumesnil*, dans son catalogue de 1838.

60 — Rinceaux d'ornemens, n. 229, 230, 231, 235, 236, 237, et copies des n. 19 et 68. Huit pièces.

61 — BINCK (Jacques). Portrait de Reinier, n. 94. Copies des n. 39, de Durer, 13 de Lucas Leyde, et 203 de S. Beham. Quatre pièces.

62 — BOCHOLT (François de). Saint-Pierre, n. 6, rare.

63 — BROSHAMER (Hans). Salomon adorant les Idoles, n. 2. Bethsabé au bain, n. 3. Jeune homme jouant de la guitare, n. 17. Bethsabé au bain, cette dernière gravée en bois.

64 — BRUNN (H.-B. enlacés). Brulliot, (1er vol. p. 958.) Le triomphe de la Mort et le triomphe du Christ, 2 p. Belles. Marches de guerre; bals et jeux. Quatre pièces.

65 — CHODOWIESKI. Vignettes et sujets divers, par ce maître. Cinquante pièces.

66 — DIETRICY. L'Adoration des Bergers; le Montreur d'ours; le Rémouleur; le Marchand de lunettes; le Violoneur. Cinq pièces avant les numéros, plus dix paysages plusieurs avant les numéros.

67 — Le Charlatan. Pièce capitale du maître, belle épreuve avant le numéro.

68 — DURER (Albert). Son portrait d'après lui

par W. *Hollar*, et la copie. Autre portrait d'après Durer. Trois pièces.

69 — La Passion. Suite de seize pièces, B. n. 3 à 18, épreuves de la plus grande beauté. Elles proviennent du cabinet Revil, 1830. Derrière le n. 15 se trouve tracé, à la plume, un riche paysage qui semble être de la main d'Albert Durer.

70 — Jésus en prière au jardin des Oliviers, B., 19; la sainte face de Jésus-Christ, 25.

71 — L'Enfant prodigue. 28, belle.

72 — Les Disciples de Jésus-Christ, n. 46 à 50. Cinq pièces belles épreuves.

73 — Sujets de Vierge, 34 et 36.

74 — La Vierge couronnée par un ange, 37.

75 — La Vierge avec l'enfant Jésus emmailloté, 38. Magnifique épreuve.

76 — La Vierge couronnée par deux anges, 39.

77 — La Vierge au singe, 42.

78 — Sainte Geneviève, 52. Extrêmement belle.

79 — Cinq figures, 70. Belle, signée de P. Mariette.

80 — Les effets de la jalousie, 73. Très belle épreuve.

81 — La Mélancolie, 74. Très belle épreuve d'une pièce capitale d'Albert Durer.

82 — La Pandore ou la grande Fortune, 77. Epreuve d'une harmonie, d'une beauté et d'une conservation extraordinaire.

83 — Le petit Courrier, 80; la Dame à cheval, 82, belle; le Pourceau monstrueux, 95, belle. Trois pièces.

84 — L'Hôtesse et le Cuisinier, 84 ; les trois Paysans, 86 ; l'Enseigne, 87. Trois pièces belles épreuves.

85 — L'Oriental et sa femme, belle, 85 ; le Joueur de cornemuse, 91, belle et fine ; les offres d'amour, 93, très belle mais doublée. Trois pièces.

86 — Le Seigneur et la Dame, 94. Belle.

87 — Le Cheval de la Mort, 98, assez belle.

88 — Le Canon, 99. Belle épreuve.

89 — Les Armoiries à la tête de mort, 101. Belle épreuve.

90 — Portrait de Pirkeimer.

91 — Ermels (G. P.). Le repos du berger ; l'Enfant se désaltérant ; le Paysan jouant avec son chien. Trois pièces, les deux premières sans marques, non décrites. Rares.

92 — Hollar (Wenceslas). Les quatre Saisons figurées par des femmes à mi-corps. Quatre pièces belles épreuves.

93 — Enfants jouant avec un bouc, d'après Van Avont ; Chiens de chasse avant la délicace ; Paysages et Marines d'après Breughel, Van Artois, Van Avont, etc. Diane. Lion et Cerf, d'après Durer. Chien, 1549. La Taupe, 1646. Canard, Cygnes, Coqs, Héron, etc. Vingt-une pièces belles épreuves.

94 — Hopfer (Daniel et Jérome les). Diverses pièces, Bartsch, n. 30, 66, par Daniel, et 16, 26, 35, 41, 42, 61, 63, par Jérôme.

et n. 21 par Lambert Hopfer. Dix pieces, plus une par un anonyme de la famille des Hopfer, marquée C. B. avec le Houblon, non décrite par Bartsch, mais indiquée par Brulliot, tome 1er, p. 808.

95 — MEECKEN (Israël de). Animal chimérique, 193. Copie du n. 93 de l'œuvre de Martin Schongauer.

96 — Sainte Ursule, 132. Très belle épreuve, *cabinet Révil.*

97 — MULLER (Jean-Gothard). Sainte Cécile jouant de la basse, d'après le Dominiquin, épreuve avant la lettre; gravé pour le Musée français.

98 — PENCZ (Georges). Salomon adorant les idoles, 22. Jugement de Salomon, 23. Artemise, 83. Virginius, 84. Virgile exposé, 87. L'odorat, 107. La Rhétorique, 43. Sept pièces, belles épreuves.

99 — ROOS (Jean-Henri). Suite d'animaux, n. 19 à 30. Douze pièces à l'eau-forte.

100 — SCHONGAUER (Martin). Ecce Homo, 15. Une pièce de la suite de la Passion.

101 — Vierge sage, 77. Vierge folle, 88.

102 — ZAGEL (Martin). Le grand bal, 13. Pièce capitale mal conservée.

103 — Vingt-une pièces par et d'après Albert Durer et petits maitres. Cet article sera divisé.

104 — Dix-neuf pièces par et d'après des maitres de l'école allemande.

GRAVEURS FLAMANDS ET HOLLANDAIS

Au burin et à l'eau-forte.

105 — BERGHEM (Nicolas). La vache qui s'abreuve. Belle épreuve du deuxième état avant l'adresse de Schenck, et une épreuve du quatrième état l'adresse effacée.

106 — Le Troupeau traversant le ruisseau. Très belle épreuve du deuxième état, et les n. 13, 14, 15 et 16, anciennes épreuves. Cinq pièces.

107 — Frontispices et quatre pièces du cahier à la femme deuxième état. Les trois chèvres, rare épreuve d'eau-forte pure avant le n. 50. La vache qui pisse, n. 2. Cinq pièces.

108 — BLECKER. Paul et Barnabé à Lystre, n. 5 et le n. 11, d'après Visscher. Deux pièces.

109 — BOL (Ferdinand). La femme à la poire, n. 20. Belle épreuve.

110 — BOEL (Pierre). La chasse au sanglier, n. 7. Rare. Sujet d'après Teniers, par *Coryn Boel*. Deux pièces à l'eau-forte.

111 — BLOEMAERT (Corneille). Méléagre et Atalante, d'après Rubens. Belle épreuve d'une jolie pièce. La Vierge, d'après le Titien. Deux pièces.

112 — BOLSWERT (Schelte à). Sainte Catherine, la Vierge et l'enfant Jésus, d'après A. Van

Dick. Très belle épreuve du 1er état, signée *P. Mariette.*

113 — La même estampe, 3e et 4e état. Le *cum privilegio*, effacé au 3e état, est rétabli au 4e.

114 — Le couronnement d'épine, d'après Van Dick, 1er état avant les contretailles. Epreuve d'une grande vigueur de ton et d'une beauté extraordinaire. Il y a une légère déchirure au coin du haut à gauche.

115 — La Vierge aux anges, d'après A. Van Dick. Très belle épreuve de l'édition de *M. V. Enden.*

116 — La Vierge et l'enfant Jésus sur ses genoux, la main droite appuyée sur une boule surmontée d'une croix, d'après E. Quellinus.

117 — L'éducation de la Vierge; titre *audi filia.* Très belle épreuve de l'édition de *Martin Van Enden.*

118 — Both (André). Les cinq sens (B. 11-15). 3e état avec l'adresse de *F. de Widt excud.* sur la 1re pièce. Cette adresse est supprimée dans le 4e état.

119 — Bry (Théodore de). Cinq pièces d'ornementation, belles et rares. (Brulliot, tom. II, p. 1088). Bal vénitien, d'après Théod. Bernard. Belle épreuve avant le n° 1.

120 — Dalen (Corn. Van). Les docteurs de l'Eglise, d'après Rubens; la Vierge et l'enfant

Jésus, d'après Flinck. Deux pièces belles épreuves avec l'adresse de Bloteling.

121 — DUCQ (Jean le). Les chiens envieux (B. 6). Un des Mages.

122 — DU SART (Corneille). Le couple ivre, n. 7. Rare. La ventouse, n. 12. Le cordonnier, n. 14. Le violon assis, n. 15. La fête de village, n. 16.

123 — Pièce gravée à la manière noire. La femme du parti orange, n. 34. Barstch et M. Weigel indiquent six vers hollandais; ici il n'y en a que quatre. La loterie de Grottenbroech, n. 40. Les quatre âges de la vie, suite inconnue à Barstch; mais décrite dans Rigal et par M. R. Weigel. Il manque le n. 3, l'âge viril. Cinq pièces.

124 — DYCK (Ant. Van). Jésus insulté par un de ses bourreaux. Première et rare épreuve avant les mots *aqua forte*.

Le Titien considérant sa maîtresse, d'après le Titien, épreuve avant l'adresse d'Antoine Bon-enfant, signée au dos. J. G. Wille, 1775. Magnifiques épreuves avec les imperfections du cuivre; elles proviennent du cabinet de M. Revil, en 1830.

Voyez aussi, pour ce maître, les portraits du n. 384 au n. 392.

125 — FREY. Sainte Famille, d'après Raphaël.

126 — GALLE (Corneille) Judith coupant la tête d'Holopherne, d'après Rubens. Belle épreuve avant l'adresse de Collaert.

127 — *Cresceitis amores*, d'après Rubens. Epreuve avant la lettre. Femme broyant des couleurs. Belle épreuve.

128 — GHEYN (Jacques de). Le lion. Pièce rare et capitale du maître.

129 — Régiment d'infanterie des Pays-Bas. Suite complète et rare de douze pièces, d'après H. Goltzius. Belles épreuves du premier état, avant l'adresse de W. Konning.

130 — Porte-drapeau, d'après Goltzius. Officier tenant une pique. Mascarades et grotesques. Le bénédicité. Homme tirant de l'arc. Huit pièces.

131 — GOLTZIUS (Henri). La passion. Suite complète de douze estampes, n. 27 à 38; dans le goût de Lucas de Leyde. Très belles épreuves.

132 — La même suite. Copie par A. de Bruyn. (Manque le crucifiement.)

133 — Nativité, n. 21; deuxième état avec l'année 1615. L'adoration des Mages, n. 22. La Vierge pleurant sur le corps mort de Jésus, n. 41, l'une des plus jolies pièces du maître, dans le goût d'Albert-Durer. Trois pièces. Costumes militaires, officiers, n. 97, 215, 216, 217, 218, et les compagnons de Cadmus dévorés par le dragon, n. 262. Six pièces. Deux lots.

134 — GOUDT (Henri, comte de). Cérès cherchant sa fille, d'après A. Elscimer. Superbe épreuve du cabinet Revil.

135 — HECCHE (Romyn). Le roi d'Espagne Charles II descendu de son carosse pour rendre hommage au saint sacrement. Pièce capitale du maître. *Collection Debois.*

136 — Souverain donnant un grand festin et destruction du temple de Salomon, premier état avant le nom.

137 — JEGHER. Sainte Famille, d'après Rubens. Grande pièce gravée en bois.

138 — LAUWERS (Nicolas). Ecce Homo, d'après Rubens. Belle épreuve.

139 — LAER ou LAAR (Pierre DE). Divers animaux, n. 1, 2, 5, 17, 18, 19 et 20, et deux copies. Troupeaux de moutons, boucs, béliers, etc., d'après P. de Laer, par Jean *Van der Nordt.*

140. — LEEUW (William). Daniel dans la fosse aux lions, d'après Rubens. Pièce capitale, belle épreuve avant l'adresse de *Danckertz exc.*

141 — Tobie et sa femme, d'après Rembrandt.

142 — LUCAS DE LEYDE. Caïn tuant Abel, n. 13; Lameth et Caïn, n. 14; les musiciens, n. 155.

143 — David jouant de la Harpe devant Saül, n. 27. Belle épreuve.

144 — Salomon adorant les idoles, n. 30. Belle épreuve.

145 — Le baptême de Jésus, n. 40.

146 — La Passion, n. 43-56. Suite rare de quatorze estampes.

147 — Jésus-Christ présenté au peuple, n. 71.

148 — La Sainte famille, n. 85. Belle épreuve d'une jolie pièce.

149 — La Tentation de saint Antoine, n. 117. La Magdeleine, n. 124. Un homme et une femme assis dans une campagne, n. 148. La Prudence, n. 130. Belle épreuve. La copie de l'Espiègle, n. 159. Quatre pièces.

150 — Portrait de Lucas de Leyde, n. 173. Portrait d'un jeune homme que l'on croit Lucas de Leyde, 174. Belles épreuves.

151 — Matham (Jacques). Sainte Famille, n. 1. Les disciples d'Emmaüs, n. 102, et les Vertus cardinales. Suite de sept estampes d'après Goltzius, n. 117-123, premier état. Neuf estampes.

152 — Meer de Jonghe. (Van der). La brebis debout, n. 2.

153 — Miel (Jean). Les numéros 1 et 3 de Bartsch. Très belles épreuves avec marges.

154 — Ostade (Adrien Van). B., n. 22, 25, 38 et et 42. Épreuves anciennes, plusieurs de la collection Debois. Six pièces.

154 bis. — Œuvre d'Ostade. Cinquante-deux pièces. Édition Basan.

155 — Passe (Crispin de). Les neuf Muses, *Hortus voluptatum*, suite de six pièces. L'Enfant prodigue, suite de six pièces. Les cinq

sens, etc. Vingt-six jolies pièces, plusieurs dans des ronds.

156 — Pontius (Paul). Christ en croix dit le Christ au coup de poing. Jésus portant sa croix. Deux pièces d'après Rubens.

157 — *Christi funus*, d'après Rubens. Belle épreuve avec marge, rare.

158 — Le roi boit, d'après Jordaens, belle et ancienne épreuve.

159 — Diane endormie dans une campagne. *W. Hollar fecit.*

160 — Potter (Paul). Le berger, n. 15. Premier état, avant l'adresse.

161 — Suite complète de huit estampes, n. 1 à 8. Deuxième état, avec l'adresse de Clément de Jonghe, belles et rares.

Copies des n. 4 et 5, gravées en contre-partie.

162 — Rembrandt. Portrait de Rembrandt, n. 20 et 22 *de Bartsch*. Belles épreuves.

163 — Joseph racontant ses songes, n. 37. Deuxième état, Jacob pleurant la mort de Joseph, n. 38. Belle. Joseph et Putiphar, n. 39. Trois pièces, *cabinet Poggi*.

164 — Le triomphe de Mardochée. 40. Belle épreuve sur papier de Chine.

165 — L'ange qui disparait devant Tobie, n. 43. Ancienne épreuve.

166 — L'Annonciation aux bergers, n. 44. Ancienne épreuve.

167 — Présentation au temple, n. 49. Ancienne épreuve du deuxième état.

168 — Fuite en Égypte, n. 52, 53, 55, 57. Deuxième état, sainte Vierge, n. 61. Cinq pièces, anciennes épreuves, *cabinet Poggi.*

169 — Jésus au milieu des docteurs, n. 64, 65. David priant Dieu, n. 41. Présentation au temple, n. 51. Deuxième état. Jésus-Christ au milieu des docteurs, n. 66. Cinq pièces, anciennes épreuves, *cabinet Poggi.*

170 — Jésus-Christ prêchant, dit la *petite tombe*, n. 67. Magnifique épreuve du deuxième état, avec six lignes de marge; elle provient des cabinets Revil et de M. Robert Dumesnil, qui l'indique d'un état intermédiaire entre le premier et le deuxième état.

171 — Jésus et la Samaritaine, n. 70, 71. Ancienne épreuve, *cabinet Poggi.*

172 — Jésus-Christ guérissant les malades, dite la pièce *aux cent florins.* Premier état de Bartsch; rare. Cette épreuve est très faible de ton, mais pure et transparente.

173 — Ecce Homo, n. 77. Très belle épreuve du troisième état. La descente de croix, n. 81; troisième état avec l'adresse; deux pièces, belles et anciennes épreuves.

174 — Un double du n. 81, avec l'adresse effacée.

175 — Tobie aveugle, n. 42. Jésus en croix, n. 80.

Martyre de saint Étienne, n. 97. Les disciples d'Emmaüs, n. 87. Quatre pièces, anciennes épreuves, *cabinet Poggi.*

176 — Les disciples d'Emmaüs, n. 88; au verso est écrit : Première et bonne épreuve. Signé, *Bartsch.*

177 — Le retour de l'Enfant prodigue, 91, très belle. La décolation de saint Jean-Baptiste, 92. Deux pièces anciennes épreuves.

178 — Saint Jérôme, 100, 101, 102, anciennes épreuves. Trois pièces, *cabinet Poggi.*

179 — Saint Jérome, 105, ancienne épreuve. *Cabinet Poggi.*

180 — La Fortune contraire, 111, avec l'écriture au verso. Les Musiciens ambulants, 119. Le jeu de Kolf, 125. Le petit Orfèvre, 123. Le Maître d'école, 128. Le Charlatan, rare, 129. Le Dessinateur, 130. Paysan et sa femme, 131. La Femme à la callebasse, 168. Neuf pièces anciennes épreuves.

181 — Homme méditant, 148. Belle épreuve du premier état. *Cabinet Poggi.*

182 — Paysage à la vache qui s'abreuve, 237. Ancienne épreuve.

183 — Portrait de Lutma, 276.

184 — Ephraïm Bonus dit le *Juif à la rampe*, 278. Très belle épreuve du deuxième état d'un portrait rare, l'un des plus beaux de Rembrandt, des *cabinets Poggi et Béril.*

185 — Utembogaerd dit *le Peseur d'or*, 281, beau portrait. Belle épreuve sur papier

du Japon, elle vient du *cabinet Bordage.*

186 — Têtes orientales, 286, 287. Très belles épreuves, *cabinet Poggi.*

187 — Vieillard portant la main à son bonnet, 259, premier état. Homme en cheveux, 289. Très belle.

188 — Portrait de Rembrandt, 20. La Liseuse, 315. Le Joueur de cartes, 136. Vieillard chauve, 306, et le n. 295 faussement attribué à Rembrandt. Cinq pièces anciennes épreuves.

189 Homme à moustaches relevées, 321. Femme âgée, 358. Cinq pièces anciennes épreuves.

190 — Les n. 45, 47 et 63. Epreuves sur papier de Chine, édition Basan, plus deux copies.

191 RUBENS (d'après). La Veille à la chandelle, copie par *Jacq. Stohl* en 1646, rare. Vieille tenant un pot à anse derrière elle un squelette, par *G. Panneels.*

192 — Jésus-Christ et les apôtres, suite de quatorze pièces gravées par *Rickemans.*

193 — Méléagre présentant la hure de sanglier à Atalante. Jolie pièce gravée par *Vorsterman,* rare épreuve d'un premier état avec une seule ligne de titre, aux épreuves postérieures, six vers. *Rebora,* etc.

194 — SAENREDAM (Jean). Vertumne et Pomone, 27, belle pièce d'après A. Bloemaert, premier état. Les quatre Saisons, d'après Goltzius,

87, 90, premier état. Le Peintre, 100. Cinq estampes.

195 — Les Vierges sages et les Vierges folles, 2 à 6. Cinq estampes belles épreuves du premier état, elles portent la signature de *P. Mariette.*

196 — SICHEM (Christophe Van). Portrait de Matham.

197 — SPRINGINKLER (Hans). N. 11 et une pièce non mentionnée.

198 — SUYDERHOEFF (Jonas). Congrès de Munster, d'après Terburg. Belle épreuve.

199 — Les Joueurs de trictrac, d'après Ostade. Très belle épreuve avant l'adresse de *Walk.*

200 — Les trois commères, d'après Ostade.

201 — Paysage avec animaux, d'après Berghem. Tigres et Satyres, d'après *P. de Laer.*

202 — SWANEVELT (Herman). Paysages, n. 87, 92, 95, et 96, 97, 98 et 99. Sept estampes, belles épreuves, cinq du premier état avec le mot *excudit.*

203 — Teniers. (David les). Fête flamande, n. 1, (catalogue Rigal.) Intérieur de cuisine, 14. Paysan tirant à blanc, 37. Paysan et Paysanne dansant, 39. Des Singes et Homme jouant du luth; trois pièces non décrites dans Rigal. Sept pièces.

204 — ULIET (Van). Le Baptême de l'eunuque, d'après Rembrandt. Le Mathématicien, 50. Les Joueurs de cartes, 51. L'Arra-

cheur de dents, 53. Le vendeur de mort-aux-rats, 55. La Famille, 56. Gueux et Mendiants, suite de dix pièces, d'après Rembrandt. Seize pièces belles épreuves.

205 — VELDE (Adrien Van de). Différents animaux, suite de cinq pièces. Belles épreuves tirées avec les imperfections du cuivre; n. 11 à 15.

Différents animaux, suite de dix pièces, 1 à 10. Plus le n. 2 et 3 double, en premier état.

206 — VISCHER (Corneille). La Fricasseuse. Belle et ancienne épreuve du deuxième état avant la retouche.

207 — Les Patineurs, d'après Ostade.

208 — Le Marchand de mort-aux-rats, belle et ancienne épreuve, et la Bohémienne ancienne épreuve, avec l'adresse de *Clément de Jonghe*. Deux estampes.

209 — Les Violonneurs. Belle et ancienne épreuve fine et transparente, elle est signée *P. Mariette*, 1661.

210 — Chat accroupi, belle épreuve. Un jeune homme vu de face tenant son bonnet dans la main droite. Deux pièces.

211 — Un Chirurgien, d'après Brauwer, épreuve avant la lettre.

212 — Christ au tombeau d'après le Tintoret. L'Antiquaire, d'après le Corrége. Buste de femme, d'après le Parmesan, belle

épreuve avant la lettre. Ces trois pièces font partie du *cabinet Rheynst.*

213 — VISCHER (Jean). — Le Bal, d'après Berghem, belle épreuve avant *cum privilegio* après *excudit.* Pièce capitale du maître.

214 — Scène de buveurs, d'après Ostade, épreuve avant la lettre.

215 — Le Tâtonneur, d'après Ostade, et Scène d'animaux, d'après Berghem, ancienne épreuve, Homme et Femme allant demander des étrennes; cette dernière de *Nicolas Vischer.* Trois pièces.

216 — VORSTERMAN (Lucas). Suzanne surprise au bain par les Vieillards, d'après Rubens. Belle épreuve avant *excud. 1620.*

217 — Loth sortant de Sodôme, d'après Rubens.

218 — Descente de Croix, d'après le célèbre tableau de Rubens, dans la cathédrale d'Anvers. Très belle et rare épreuve avant l'adresse de *Corneille Van Merlen,* et avec le tracé des lettres apparant et des coulures d'eau-forte dans la marge du bas.

219 — Sainte Famille, d'après Rubens, n. 54 de Basan.

220 — Le Satyre et le Passant, d'après Jordaens.

221 — Bataille de paysans, d'après Breughel. Belle et ancienne épreuve avant les lettres E P à gauche du bas de l'estampe.

222 — WATERLOO (Antoine). Paysages, n. 15, avant que le chiffre 9 soit changé en 3, n. 24 et 49, 115, 116 et 123. Six pièces an-

ciennes épreuves tirées sur papier dit à la folie.

223 — WIERIX (Jean et Jérôme les). La Vierge et l'enfant Jésus. Les quatre Évangélistes. Les sept Vertus et les sept Péchés capitaux, jolie suite de quinze estampes représentant des femmes en buste, entourées de divers attributs, d'après Stradan. Vingt pièces. 6.50

224 — WINGAERDE (Fran Van den). Le Christ descendu de la croix, d'après Van Dyck. Belle épreuve. Des Soldats faisant tapage, d'après Rubens, n. 63, du catalogue de Rubens, par Basan. 7.50

225 — WYCK (Thomas). Divers sujets, n. 1, 4, 17 et 18, de Bartsch. Anciennes épreuves. 15.50

226 — ZEEMAN (Reinier). Marines, n. 4, 9 et 44, et 121 et 123, de la suite des portes d'Amsterdam. Premières épreuves sur papier dit à la folie. 9.50

227 — *École Allemande et des Pays-Bas*, peintres et graveurs à l'eau forte et au burin. Cent dix pièces. Par *Auden-Aerd*, *Baillie*, *Backuisen*, une marine. *Bega*, n. 28, 29, 30 et 31. *Boone*, le hameau et la pièce d'eau. *N. de Bruyn*, l'âge d'or, d'après Bloemaert. *Van der Cabel*, n. 39, premier état, avant le n. *Cuyp*, deux vaches. *Everdingen*, n. 20. *Faber*, vaches d'après Ommeganck. *Fyt*, des chiens de chasse, n. 12, premier état. *Hagedorn*,

trois pièces. *Van den Hecke*, n. 12. *Hugtemburck*, n. 31, 32, 33. *Isselbury*, costumes allemands. *Janson*, trois pièces. *Karle Dujardin*, n. 24, 25, 26 et 30, anciennes épreuves. *Jordaëns*, la chèvre Amalthée, etc., deux pièces. *Van Kessel*, batailles, 1654, six pièces. *A. Klein*, deux pièces. *F. Kobell*, huit pièces. *W. de Leeuw*, Tobie et sa femme, d'après Rembrandt. *Livins*, tête de vieillard. *Malleay*, le massacre des Innocents. *Conrad Meyer*. *Meyeringh*, n. 4 et 7. *Morgensten*, onze pièces. *F. Muller*, le chanteur, *Van Os*, études de vaches, quatre pièces. *J. de Neeffs*, Hérodiade, d'après Seghers. *Reinhold*, animaux, d'après Roos. *Ridinger*, chiens, quatre pièces. *Rodermont*, n. 77, *Rugendas*, une pièce. *Sadeler*, Saint Sébastien et Diane, deux pièces. *Schenau*, quatre pièces. *Scheindel*, huit pièces, *Schwab*, une pièce, d'après Téniers, *Schmidt*, Jésus-Christ insulté, d'après Rembrandt. *Troger*, Jésus descendu de la croix. *Umbach*, trois pièces. *S. Vliegler*. les chèvres, n. 19. *J. de Wit*, deux pièces. *Vordtidge*, trois pièces. *Zilrell*, deux pièces, d'après Lingelback. *Cet article formera plusieurs lots.*

228 — Vingt-deux pièces, école des Pays-Bas, par et d'après Goltzius, C. de Pass, de Gheyn,

Van Sichem, Danckert, Flamen, Ruisdaël, Suanewelt, Plonski, Spranger, etc.

GRAVEURS FRANÇAIS.

229 — *École Française*. Peintres et graveurs à l'eau forte et au burin, soixante-dix-huit pièces. Par *Bargas*, une pièce. *D. Borrière*, n. 30, premier état. *Boucher*, une pièce. *Bon Boulogne*, Saint Jean. *S. Bourdon*, n. 15, *Cathelin*, une pièce d'après Vernet, épreuve avant la lettre. *Chauveau*, deux pièces. *Chapron*, n. 55 et 56, premier état. *Cochin fils*, une pièceo. *N. Coypel*, n. 1. *N. Nicolas Coypel*, n. 4, très rare. M. *Robert Dumesnil* n'a pu la décrire, ne l'ayant pas trouvée. *Darret*, une pièce, *Dassonville*, n. 21 et 28, et deux pièces non décrites. *G. Dughet*, n. 6. *Fessard*, fête flamande, d'après Rubens, et quatre pièces d'après Vanloo, La Peinture, Sculpture, Architecture et Musique. *G. Focus*, une pièce, n. 5. *Fragonard*, une pièce, n. 1778. *Gaucher*, couronnement de Voltaire au Théâtre-Français. *Huet*, une pièce. *Laferté*, quatre paysages, *La Grenée*, une pièce. *La Marre Richard*, n. 7, 12, 13 et 15. *Et. de Laulne*, trois pièces, copies de Marc-Antoine. *De Launay*, une pièce. *Ch. Le Brun*, l'Aurore. *Lenfant*, Sainte Vierge, avant la lettre.

J.-B. Le Prince, une p. *Legrand*, deux pièces avant la lettre. *Loutherbourg*, paysages, six pièces. *Mallèry*, une p. *Mauperché*, n. 22, premier état. *Ch. Meslin. Ex Voto*, n. 1, seule pièce gravée par ce maître. *Ouvrier*, deux pièces d'après Schenau. *J. Parocel*, n. 32. *F. Perrier*, n. 4, 5, 7, et copie du n. 43. *Rivaltz*, sujet allégorique cité par M. Robert Dumesnil, mais non décrit, n'ayant pu voir cette estampe. *H. Robert*, quatre pièces. *Sablat*, une p. *Saint-Non*, une p. *Subleyras*, n. 2, le serpent d'airain, premier état, avant la lettre. *Théodore*, d'après Francisque, n. 1 et 22, premier état. *Vanloo*, quatre pièces. *S. Vouet*, deux pièces. *Voyez l'aîné*, une p. *R. Vuibert*, n. 1. *Cet article formera plusieurs lots.*

230 — Paysage, n. 4, premier état. Sainte Famille, n. 3, et Descente de croix, n. 12. Trois pièces à l'eau forte, par *Laurent de la Hyre*. Les œuvres de miséricorde. Agar dans le désert. Cinq pièces à l'eau forte, par *Ch. Hutin*.

231 — Quinze pièces. Par Vouet, une pièce. Vignon, trois pièces. Loir, une pièce et divers paysages.

232 — AUDRAN (Gérard). Le Temps qui enlève la Vérité, d'après N. Poussin, ancienne épreuve.

233 — BALECHOU. Sainte Geneviève, d'après Van Loo, épreuve du troisième état.

234 — BAPTISTE (J.-B. Monnoyer dit). Petits bouquets, n. 1 à 4. Vases opaques, n. 13, troisième état ; n. 16, 17, deuxième état. Les grandes corbeilles, n. 26, deuxième état. Trois pièces des vases diaphanes et moyennes corbeilles, et trois grands bouquets, d'après Baptiste par Vauquier, son élève. Quatorze pièces.

235. — BELLANGE (Jacques). Sujets de Vierges, n. 4, 5 et 10, deuxième état ; n. 11, premier état.

— BELLY (Jacques), n. 2 en deux parties ; n. 3, premier état, et n. 4. Quatre pièces.

236 — BERTAUX (Duplessis). La fête de la réunion en 1793. Grande pièce gravée à l'eau forte et curieuse pour l'histoire.

237 — BLERY (Eugène). Vue d'un moulin en Suisse et paysage dans le goût de Boissieu. Deux paysages à l'eau-forte, avec indication de *première épreuve* signée de la main de l'auteur.

238 — BOISSIEU (J.-J. de). *Anciennes épreuves* dont : portrait de Boissieu, belle épreuve, avec le portrait de sa femme, n. 1 du catalogue Rigal.

N. 1, le portrait est remplacé par un paysage.

328 bis. — Les joueurs de boule, n. 10, épreuve sur papier de Chine.

— Vieillard faisant l'aumône, n. 16, première épreuve sur papier de Chine, indiqué par *Boissieu* même, plus, une épreuve moderne.

239 — Vieux mendiants assis, n. 17. Vieillard faisant lire un enfant, n. 20. Epreuve d'eau-forte pure. Très rare.

240 — Fête champêtre, n. 21, avant l'astérique. Rare.

241 — La même, belle et ancienne épreuve avec l'astérique. Vieillard jouant de la vielle, n. 29.

242 — Passage du Garillano en Italie, épreuve extrêmement fine, n. 31. Vue du sépulcre de Cecilia Metella, n. 35, première épreuve avant les armes et la lettre, seulement l'année.

243 — Vue du pont de Lucano, n. 36, très belle. Vue d'Aquapendante, n. 23, belle épreuve où l'angle du haut à droite est mal formé et où s'aperçoivent la fin du mot *dédiée* et la lettre *à*.

244 — Vue du Champ-Vert à Lyon, n. 43; et vue du château de Madrid près Paris, n. 44, premier état avant l'adresse d'*Artaria*. Paysages en hauteur, n. 73, 74. Entrée de forêt, 71. Cinq pièces belles.

245 — La tour de Mitellus et le noyé, n. 57. Belle épreuve extrêmement fine.

246 — Le pape Pie VII, n. 100, épreuve avant la totalité des travaux à la roulette.

247 — Les petites laveuses, n. 82. La servante de Boissieu, n. 102; deux épreuves, une moderne. Vieille, dite la boudeuse, n. 106. — La chatte, n. 113. Tête d'homme, d'après A. Van-Dyck, n. 120. Quatre pièces.

248 — Grand paysage d'après Wynantz, n. 129. Belle et grande pièce.

249 — Grand paysage d'après Ruisdaël, pendant du précédent, n. 134, très belle et rare épreuve avec une différence non citée. On lit au bas, d'après le *Tableau original de Ruisdaël, qui est dans la galerie de M. le comte de Schenborn*. Elle est sans l'adresse d'Artaria et les mots *J.-J. de Boissieu aqua forte*, qui se lisent ordinairement au milieu de la marge, sont placés à droite dans cette épreuve.

250 — Paysage d'après Ruisdaël, n 138. Les petits charlatans, n. 140. Deux pièces.

251 — Paysages d'après Claude le Lorrain et N. Poussin, n. 141, 142. Deux pièces sur papier de Chine.

251 bis. — Quarante pièces épreuves des premiers tirages modernes. Cet article sera divisé.

252 — Bosse (Abraham). Le peintre, le graveur, l'imprimeur et le sculpteur. Quatre pièces, suite complète. Très belles épreuves, avec l'adresse de Le Blond à la première.

253 — Les vierges sages, les vierges folles. Suite complète de six pièces. Belles, avec l'adresse de Le Blond.

254 — Le mari qui bat sa femme et la femme qui bat son mari. Deux pièces, avec l'adresse de Le Blond.

245 — Les quatre âges de l'homme. Suite de quatre pièces, avec l'adresse de Le Blond; plus une copie du n. 4, avec différence.

256 — Le pâtissier, le cordonnier, le chirurgien, l'apothicaire, le barbier. Cinq pièces belles, avec l'adresse de Le Blond.

257 — Une femme en travail d'enfant : l'accouchée, le baptême et la visite à l'accouchée. Suite de quatre pièces belles, avec l'adresse de Le Blond.

258 — Les quatre saisons. Jolie suite de quatre pièces. Très belles épreuves avec l'adresse de Le Blond; plus un double du printemps, avec différence.

259 — La noce champêtre, les présents à la mariée, la bénédiction des aliments. Trois pièces.

260 — La vie de l'enfant prodigue. Suite de six estampes, avec l'adresse de Leblond. (Manque le n. 2.)

261 — Le maître d'école, femmes à table avec leurs maris, le beau séjour des cinq sens, le palais des facultés de l'âme, etc. Cinq pièces belles.

262 — Les cris de Paris, douze pièces belles, avec l'adresse de Le Blond.

263 — Le Feu, le Joueur de guitare, Femme fai-

sant de la dentelle, Femme caressant un chien, le Peintre, etc., 6 pièces.

264 — Réponse de la demoiselle à la lettre du capitaine extravagant, avec le texte de la lettre 1640. Très rare. Portrait de Jacques Hoyvet, avec C. Mellan.

265 — La Fortune de la France, Louis XIII en Hercule, Louis XIII à genoux et Louis XIII recevant les prévôts et les échevins de Paris. Quatre pièces.

266 — Le Jardin de la noblesse française et la Noblesse à l'église. Douze costumes des deux suites.

267 — *Costumes, caricatures, scènes de mœurs du règne de Louis XIII, par des graveurs du dix-septième siècle, contemporains d'Ab. Bosse.* Soixante-et-une pièces gravées par *de Saint-Igny, G. Rousselet, Isaac Gaspard, Pierre de Jode, M. Lasne, P. Matham, Gainière,* etc. La rue Quincampoix, caricature du temps, etc., diverses pièces curieuses. Cet article formera plusieurs lots.

268 — Seize pièces par et d'après A. Bosse, C. Mellan et autres maîtres.

269 — Callot (Jacques). Tentation de saint Antoine, très belle épreuve avant un trait de burin, échappé sous l'aile d'un démon qui se voit dans le haut de l'estampe.

270 — La même estampe avec le trait de burin.

271 — Parterre de Nancy, belle épreuve d'une jolie pièce.

272 — La grande chasse, premier état avant le nom de Silvestre, et la petite chasse du fond très apparente, plus la copie.

273 — Le Jeu de boule, très belle épreuve avant l'adresse de Silvestre.

274 — Les Supplices, très belle épreuve ; la Vierge au coin de la maison, très apparente.

275 — Deux autres épreuves, deux états différents.

276 — Les misères de la guerre, suite de dix-huit pièces très belles avec toutes marges.

277 — La Carrière, ou rue neuve de Nancy, belle.

278 — Vue du Pont-Neuf, tour et porte de Nesle ; et vue de la Tour de Nesle et du Louvre, deux pièces belles ; plus, la vue du Pont-Neuf et à droite la prison de la Tour de Nesle, belle épreuve. Trois estampes.

279 — Les Fantaisies de M. de Bauffremont, treize pièces avant les numéros. Les deux petites batailles, suite des *Bailli di Sfessania*, vingt-quatre pièces belles avant les numéros et avant l'adresse de Silvestre.

280 — La Vie de la Vierge, quatorze pièces ; la Petite passion, douze pièces ; les Sept péchés mortels, quatre pièces, et les Quatre banquets ; ces trois suites belles épreuves avant les numéros.

281 — Passage de la mer Rouge, premier état le flot entier. Le Martyre de saint Sébastien et les Martyrs du Japon, premier et deuxième états.

282 — Les Bohémiens, quatre pièces ; les Trois

pantalons; les Joueurs de cartes, pièce dite le Brelan, plus la copie; huit pièces, belles épreuves.

283 — Habillement de la noblesse française sous Louis XIII, douze pièces avant les numéros.

284 — Les Martyres des apôtres, suite de seize pièces.

285 — La Lumière du cloître, vingt-sept pièces; la Grande passion, quatre pièces; les Apôtres, sept pièces; en tout trente-huit pièces.

286 — Saint Nicolas, les Mesureurs de grain, Ecce Homo, d'après Stradan; le Miracle de saint Mansuet, et le Bénédicité; plus une Vue de Vincennes, par Silvestre, sept pièces.

287 — Portraits de François de Médicis; de Donato dell' Antella, sénateur de Florence; Gir. Dom. Peri d'Archidosso, poète italien, pièce à l'eau forte, dite le *Jardinier*, très rare; Charles de Lorraine et Louis de Lorraine, prince de Phalsbourg, et Claude Dervet et son fils. Six pièces, belles épreuves. Elles sont rares.

288 — Le Jeu de boule, belle épreuve; les Trois pantalons et autres sujets; en tout quinze pièces.

289 — Courtois, dit le Bourguignon (Jacques). Tobie ensevelissant les morts, R. D. n. 1. Le Combat au pied de la tour, n. 9.

290 — COYPEL (Noël-Nicolas). Jeune fille de profil tournée vers la droite : un ruban retenant ses cheveux, le col et les épaules nues ; elle caresse un pigeon. A gauche on lit : N. N. Coypel inv. et sculp. aqua forte. A droite, terminée au burin par N. Edelinck, n. 4, jolie pièce très rare ; elle n'a pu être décrite par M. *Robert-Dumesnil.*—Vierge n. 1, par *Noël Coypel.*

291 — DEMADRYL. Le Lion amoureux, d'après M. Roqueplan, épreuve avant la lettre ; pièce gravée pour le journal l'*Artiste.*

292 — DENON (Vivant Baron). Les Lions, d'après Quadal. Portrait de l'artiste et quatre petites pièces avec différence, six estampes.

293 — DESNOYERS (M. le b^{on} Bouchers). La Vierge dite la belle Jardinière, belle et anc. épreuve.

294 — DOSSIER. Le mariage de la Vierge, d'après Jouvenet.

295 — DUPONT (M. Henriquel). Portrait de Henri IV, d'après Gérard, épreuve avant la lettre.

295 bis. — DU PERAC (Étienne), architecte. *La Festa di Testaccio. Fatta Roma.* Sur un pan de mur, à gauche, les armes papales, et P. III P. M. 1554 ; et sur la terrasse, Stefano d'perac fecit. Pièce très rare.

296 — DUVET (Jean). Babylone la grande prostituée, pièce de la suite de l'Apocalypse, (n. 29 de B. et n. du peintre graveur français, de M. Robert-Dumesnil). Très belle épreuve avec grande marge.

297 — DUVIVIER. Christ au sépulcre, n. 1. R. D. La Tentation de saint Antoine, 3. Cuisine flamande, 5. Le Buveur, 7. Trois pièces belles et rares.

298 — EDELINCK (Gérard). La Magdeleine, d'après Le Brun, très belle épreuve avant l'adresse de Drevet.

299 — FESSARD (Etienne). Fête flamande, d'après Rubens. L'Architecture, la Sculpture, la Peinture et la Musique, quatre pièces d'après les tableaux de C. Vanloo, au musée Standisch.

300 — FLAMEN (Albert). Oiseaux, n. 407, 408, 409, 411 et 412. Vue du château de Peray, 340. Poissons, 452, 462, 472, deuxième état, et 468, premier état. Dix pièces.

301 — GAULTIER (Léonard). Jugement dernier de Michel-Ange, épreuve avant l'adresse de *P. Mariette.*

302 — GELLÉE dit le Lorrain, (Claude). L'apparition, n. 2. Troisième état.

303 — Le Troupeau à l'abreuvoir, n. 4. Premier état.

304 — La Danse au bord de l'eau, n. 6. Belle épreuve du troisième état, les bords de la planche raboteux.

305 — Le Dessinateur, n. 9. Belle épreuve du deuxième état.

306 — Le Départ pour les champs, n. 16, belle épreuve du deuxième état.

307 — Mercure et Argus, n. 17. Belle épreuve du premier état.

308 — Le Troupeau en marche par un temps orageux, n. 18. Troisième état.

309 — Le Chevrier, n. 19. Premier état avant l'inscription, très rare.

310 — Apollon. Le Temps et les Saisons, n. 20. Très belle épreuve du premier état.

311 — Berger et Bergère conversant, n. 21. quatrième état.

312 — Le Campo Vaccino, n. 23. Cinquième état, et une contre-épreuve du deuxième état.

313 — Les Chèvres, n. 27.

314 — Gellée (M.) La Justice divine poursuivant le crime, d'après Prud'hon, épreuve avant la lettre.

315 — Girardet (Abraham). La Transfiguration d'après Raphaël, épreuve avant toute lettre et avec des essais de burin dans les marges.

315 bis. — Apothéose d'Auguste, camée, épreuve avant la lettre.

316 — La Cène, d'après Philippe de Champagne, épreuve non terminée.

317 — Gobille (Jean). L'Opérateur tant pis et tant mieux, grande pièce en travers, rare et curieuse.

318 — Godefroy (John). Le Congrès de Vienne, d'après Isabey, très belle épreuve avant la lettre de souscription.

319 — Déclaration de l'indépendance américaine, d'après Trumbull, par Durand, estampe anglaise faisant le pendant de l'estampe précédente.

319 bis. — JOHANNOT (M.) Le chien du régiment et le Trompette mort, d'après M. Horace Vernet, épreuves avant la lettre. 36.50

320 — INGRES. Portrait de M. de Pressigny, évêque. Gravé à l'eau-forte. 26.50

321 — LANCRET (d'après). Les Troqueurs, les Oies du frère Philippe, le Matin, etc; cinq pièces, plus, la Fille confuse et la Marchande de marrons, sept pièces d'après Greuze.

322 — LECLERC (Sébastien). Divers états et conditions de la vie humaine dont : le Prince et le Chasseur, très rare. Lustucru, morceau rare. *Puer - Parvulus*, épreuve avec et avant la lettre, suite de costumes dédiés au duc de Bourgogne. Quarante - sept

323 — MANGLARD (Adrien). Paysages et marines, R.-D., n. 4, 5, 6, 9, 10, premier état; 13, 14, deuxième état; 16 à 26, premier état; 27 à 30, deuxième état; 31, 34, 38, 39, premier état; 40, deuxième état; 41, premier état; 42, deuxième état; 45, premier état. Trente pièces à l'eau-forte, belles épreuves avec toute leur marge.

324 — MELLAN (Claude). La sainte Face, belle pièce gravée à une seule taille. Saint Pierre, saint Paul, saint Alexis, titre pour les vies des pères du désert; divers sujets de fables, etc. Neuf pièces.

325 — MEUNIER (Louis). Vues de palais d'Espagne. Huit pièces, belles épreuves.

326 — MONTAGNE (Nicolas Platte). La Madeleine pénitente, d'après Ph. de Champagne. Belle pièce du maître, R.-D., n. 11.

327 — MORIN (Jean). La Vierge et l'enfant Jésus, d'après Le Titien, R.-D., n. 15. Ecce homo, n. 20. La Vierge de douleur, n. 26. Saint Pierre, n. 27. Saint Paul, n. 28. Le grand saint Bernard, n. 33. La Cafarelle, n. 100. Sept pièces, très belles épreuves.

Voyez les portraits, n. 317.

328 — NORBLIN. Vingt-sept pièces diverses, gravées à l'eau-forte à l'imitation de Rembrandt. Premières épreuves.

329 — OUDRY (Jean-Baptiste). Suite de quatre estampes, sujets de chasses, R.-D., n. 1 à 4, deuxième état avec l'adresse de Gautrot et avant les numéros, très belles avec marges. Un double du frontispice, troisième état.

330 — PATER (d'après). Trois pièces du roman comique de Scarron.

331 — PESNE (Jean). Le ravissement de saint Paul, d'après N. Poussin, R.-D., n. 12, premier état. Rare.

332 — La Charité romaine, d'après N. Poussin, n. 13, premier état.

333 — Le Christ mort, d'après N. Poussin, n. 18, premier état. Très belle et rare.

334 — Le testament d'Eudamidas, d'après N. Poussin. Ancienne épreuve.

335 — PICARD (Bernard). Le massacre des Innocents, belle épreuve du premier état. Pièce capitale du maître.

336 — POILLY (François de). Sainte Famille, d'après N. Poussin. Belle épreuve avant la lettre.

337 — La Nativité, d'après le Guide et Vierge assise avec l'enfant Jésus et saint Jean, d'après Mignard. Deux pièces.

338 — WATTEAU (d'après) les enfants de Silène, les enfants de Bacchus, gravés par *Dupuis et Fessard*. La Surprise par *B. Audran*, La Sérénade italienne, gravée par *Scotin*. quatre pièces.

339 — WILLE (Jean George). Le jeune Joueur d'instrument, d'après Sckalken. La Maîtresse d'école, d'après Schenau. La petite Famille, vignette à l'eau-forte. Trois pièces.

GRAVEURS ANGLAIS.

340 — Exemple touchant l'ordonnance. Pièce relative à l'indépendance de l'Amérique. Jeune Patagon. Trois pièces.

341 — COUSIN. Master Lambton, d'après Laurence, édition de 1827. Belle épreuve.

342 — Le duc de Wellington, d'après Laurence.

343 — EARLOM (Richard). Sainte Famille, d'après Rubens. Les Singes, d'après Hemskerck. Les Avares, d'après Quintin Matsis. Trois pièces.

344 — Vieille femme plumant une volaille, d'après Rembrandt, par *R. Houston*, épreuve avant la lettre. L'Atelier du sculpteur, d'après Wrigts, par *W. Pethers*. Jésus au milieu des Docteurs. Tobie et l'Ange, d'après Rembrandt. Deux pièces, par *Marc Ardell*. Rabin Juif, d'après Rembrandt, épreuve avant la lettre. Cinq pièces gravées en manière noire.

345 Hogarth (William). Une élection, grande et belle pièce dessinée et gravée, par Hogarth. Épreuve du premier état, rare.

346 — La même estampe, deuxième état.

347 — Landseer (Thomas). *Landseer's Monkeyana* ou le Monde en miniature. Dix-neuf pièces, gravé à l'eau-forte, sur papier de Chine, dont neuf sont avant toute lettre.

348 — Raimback. Le Colin Maillard et le Jour de rentes, deux estampes d'après D. Wilkie. Anciennes et belles épreuves.

349 — La Saisie, d'après *D. Wilkie*. Épreuve avant la lettre, sur papier de Chine.

350 — Strange (Robert). Cléopâtre, d'après le Guide. Rare épreuve avant toute lettre.

351 — Sainte Cécile, d'après Raphaël. Belle épreuve avec marge.

352 — Vénus couchée, d'après le Titien. Belle épreuve.

353 *Parmigiani amica*, d'après le Parmesan. *Te Deum laudamus*, d'après C. Maratte, et

Laomédon, d'après S. Rosa, trois pièces. Belles épreuves.

354 — Les enfants de Charles Ier. Belle épreuve, d'une jolie pièce du maître.

355 — Woollett (William). La mort du général Wolff, d'après B. West. Ancienne épreuve.

356 — Diane et Actéon, d'après Ph. Lauri.

358 — Les édifices Romains, d'après Cl. le Lorrain. Rare épreuve avant la lettre.

359 — Vignettes Anglaises. Soixante-six pièces, d'après des peintres et par des graveurs anglais, détachées des annuaires et Kepsake. Épreuves d'artistes avant toutes lettres, tirées in-fol. *Cet article sera divisé.*

MAITRES INCONNUS OU A MONOGRAMMES.

360 — Représentation du Coqvr jaloux, qui porte la clef et la femme, la serrure. Très rare.

361 — Vaisseaux battus par la tempête. Trois paysages et cinq sujets sur la même feuille. Sujet d'après le Poussin. Huit costumes grotesques sur une même feuille. Homme et femme autour d'une table. *Assuérus Londer excudit.* Copies des n. 1 et 8, du maître au Caducée.

362 — Les trois Croix. Belle pièce d'un maître inconnu, décrites par M. R. Dumesnil, dans son catalogue de 1837.

363 — *Monogramme*, qu'on peut traduire E. M. S. T. Hommes nus faisant de la gymnastique. Brulliot les indique tome 1er, n. 1777 comme d'un maître italien de l'école du Primatice. Elle sont fort rares. Cinq pièces.

364 — *Monogramme*. Diogène. Décrit par B., n. 61 et suivant, Brull, 1e. vol. 2828. *Monogramme*. C. B. Bus ou Bos, élève de Vico. *Monogramme*. J. G. (Alion). Saint-Éloi forgeant devant Dagobert, Bartsch, n. 176. Monogramme M. L. (Melchior Lorch). Une pièce. W.

365 — *Monogramme*. C. G. Adam et Ève. Brulliot. I vol., n. 1250. Huit autres pièces décrites dans Brulliot, vol. 1er., n. 1836 et 1806, copies de Bink. Trois pièces Brul. II vol. 1324. Monogramme H. L. Brul. I vol. 2387. Monogramme A. R. Combat entre des galères; Bartsch, tome XV, page 516. *Sybilla Phrygia*, vieux maître italien, B, n. 17, vol. 13, page 94. Quinze pièces. Cet article sera divisé.

366 — W. (Wenceslas d'Olmutz), Bartsch, n. 27. Cinq pièces sur la même feuille, par les monogrammistes suivants : P. H. (Pierre Huys), I. W. (J. Wierix), A. C. (A. Claas), B. 40. P. V. L., inconnu. Neuf pièces. Cet article sera divisé.

367 — Monogramme V. S. (Virgile Solis), Bartsch, n. 226, 227, 229, 248, 233, et deux piè-

ces non décrites. Deux pièces par H. B. (Hans Bol). Brulliot, III vol., 2887.

368 — Le Maître à la cruche (Louis Krug). La Nativité. Bartsch, n. 2.

369 — B. dans un dé (le Maître au dé), Saint Roch, très belle, n. 15. Combat naval, 78.

370 — Costumes par *Sarry*. Sept pièces. Des paysans ivres au milieu d'un paysage, *Brulliot*, II, n. 2206. Trois pièces par un maître au monogramme P. V. H. T. Quinze pièces par F. B. (Franç. Brun), *Bartsch*, n. 37, 40, 41, 43, 45, 49, 50, 51, 57, 61, 62, 63, 78, 87.

370 bis — Douze pièces par divers maîtres à monogrammes.

PORTRAITS

Par des graveurs au burin et à l'eau-forte, de toutes les écoles, du seizième au dix-neuvième siècle.

371 — François Ier, joli portrait par un anonyme du seizième siècle. B. 10 vol., p. 166.

372 — Rare et curieux portrait de la reine Marie-Stuart, décrit par Brulliot. I. P., n. 2914. Il porte un monogramme P. M.

373 — Autre portrait de Marie-Stuart; il est bien gravé dans un ovale dont les quatre coins représentent des scènes relatives à cette malheureuse reine.

374 — Don Juan d'Autriche, fils naturel de Charles V. 1571. André Doria; Elisabeth,

reine d'Angleterre; Anne d'Autriche, fille de Maximilien II; Henri de Lorraine; Michel de Castelnau; Jean, duc de Bourgogne; Charles le Téméraire; Maximilien Ier; Jacob VI, roi d'Ecosse; le duc d'Albe; *Christina regina*, caricature du temps; le comte d'Egmont; Mazaniello; la duchesse de Savoie, fille de François Ier, Marie de Médicis; chancelier de L'Hôpital; Barême entouré des capitales de l'Europe, avec le cours du change; Francklin, et autres personnages. Vingt-deux portraits curieux et rares, par des graveurs non connus, Italiens, Allemands et Français. Cet article sera divisé.

375 — AMMAN (Jean) de Nuremberg, connu sous le nom de Jean Saucisson. Brulliot, III vol., n. 455. Le portrait de l'artiste, pièce rare.

376 — AMMAN (Josse). Gaspard de Coligny, amiral de France; portrait curieux du temps. Belle épreuve.

377 — BEAUVARLET. Le comte d'Artois (depuis Charles X) et sa sœur. Epreuve avant toute lettre.

378 — BLOTELING (Abraham). L'amiral Ruiter, beau portrait. L'amiral Flores, belle épreuve avant le nom de Bloteling.

379 — BONASONE. Michel-Ange. Très belle et rare épreuve signée *Mariette*, d'un portrait non décrit; il est daté de 1445. Il est

supérieur à celui décrit par Bartsch, n. 315, qui indique la date de 1546, et qui nous paraît être une copie ou répétition du nôtre.

380 — Chambars (Thomas). La Fornarine, maîtresse de Raphaël, d'après ce maître.

381 — Dalen (Corneille Van). Sébastien del Piombo, d'après ce maître. Boccace, d'après le Titien; deux pièces. Très belles épreuves avant la lettre.

382 — Drevet (Pierre). Pierre Paillot, de Tressan, archevêque de Rouen, avant la lettre; Fénélon, belle et ancienne épreuve; Philippe V, maréchal de Villars, Lambert, le comte de Toulouse, Louis XV enfant, Delamet, Keller, fondeur. Dix portraits d'après Rigaud et autres. *Cet article sera divisé.*

383 — Dyck (Antoine Van). La suite des dix-sept portraits gravés à l'eau-forte par ce maître pour son iconographie des peintres et autres personnages célèbres de la Hollande.

Van Dyck, terminé par *J. Neefs*, édit. de G. H.; Antoine Triest, terminé par *P. de Jode*; Erasme, Breughel le vieux, Snelliuck, Jean Monper et autre portrait du même, très rare, avec une seule ligne d'écriture; Jean de Vael, Van Noort, Snyders, terminé par *J. Neefs*; F. Franck, Jean de Breughel, Suttermans, Paul de

Vos, terminé par Bolswert, épreuve avec G. H.; Lucas Vorsterman, P. Pontius, avec le mot *Anterpia* au dessous du titre, et Guillaume de Vos terminé par Bolswert.

PORTRAITS

d'après A. Van Dyck, par divers graveurs.

384 — HOLLAR. Henriette de France, femme de Charles Ier, la tête seulement. Corneille et Lucas de Waël, dans une même composition.

— JODE (Pierre de). Geneviève d'Urphé, G. H. Henri Liberti, célèbre musicien, très belle épreuve avant la troisième ligne.

— GALLE. Ferdinand III et Marie d'Autriche sa femme. Belles épreuves avec *Meyssens excud. antw.* 1649.

385 — PONTIUS (Paul Ph.). Le Roi caressant un chien, N. Rockox, belle, avant le nom du graveur. Hontborst, peintre, édit. de M. V. *Enden*, avec une seule ligne de titre. Hugens, G. H. Albert Miræus, G. H. G. Seghers, édit. de M. V. *Enden*. Cinq portraits.

386 — LOUYS. A Spinola, dans une riche bordure. Très belle épreuve signée P. Mariette.

SOMPEL (Van). Marie de Médicis.

SUYDERHOEFF. F. de Monteada, et Maximilien d'Autriche, ce dernier d'après Rubens. Quatre portraits.

VISCHER. Henri de Booys et H. E. de Severi son épouse. Belles épreuves avec *E. Cooper excud.*

387 — VORSTERMAN. Seghers, peintre. Jean, comte de Nassau, belle, avec *Vorsterman excud.* J. Callot, edit. de M. V. *Enden.* Coeberger, édition de M. V. *Enden.* Van den Eynden, édit. de M. V. E. Sachtleven, édit. de G. H. P. Stevens. G. H. Lucas Van Uden, G. H. Neuf portraits dont un double de Van den Eynden, épreuve avec deux lignes de titre, mais avant G. H. (Gillis Henderich).

388 — VOERST (Vander). Simon Vouet, deux lignes de titre, mais avant G. H. Le même trois lignes de titre G. H. effacées. Inigo Jones architecte anglais, édit. de M. V. E.

389 — LOMBART (Pierre). La suite des comtes et comtesses. Douze pièces.

390 — EARLOM (Richard). Sir Thomas Chalonner. Belle épreuve.

391 — BAILLUE (Pierre). Le duc d'Aremberg à cheval, armé de toutes pièces.

Quarante-neuf portraits, d'après Van-Dyck, par Bolswert, Pontius, Vortterman, et autres portraits de l'iconographie, édit. de *Verdussen.* Cet article sera divisé.

392 — Quarante-deux portraits divers, par et d'a

près Van-Dyck, Fiquet, etc. Cet article sera divisé.

393 — Edelinck (Gérard). Philippe de Champagne R. D., 164, deuxième état.

394 — Dilgérus, 185. Belle épreuve d'une pièce rare et recherchée.

395 — Bossuet, 156, premier état. Descartes, 181, premier état. Louis XIV, roi de France, 255, premier état. Trois pièces.

396 — Sabastien de Pontaut, 144. Le Tellier arch. de Rheims, 245. Moreri, 280. Mouton, 281. Nanteuil, 282, deuxième état. Raymond Poisson, d'après Nestcher, 298. Six pièces.

397 — Fiquet (Etienne). Les quatre évêques, Lamothe Levayer, Montaigne, madame de Maintenon et Charles Eilen. Cinq pièces belles épreuves.

398 — De Lamothe Fénélon. Belle épreuve avant les noms.

399 — La Fontaine. Rare épreuve avant tous noms et avant des travaux dans diverses parties, *cabinet Rével*.

400 — Folkema. Franz Van Boiseleu Stathouder, et sa femme. Deux jolis portraits entourés d'attributs.

401 — Fornazeris, *peintre et graveur français sous Henri IV*. Louis XIII enfant et à cheval. Autre Portrait d'un jeune prince à cheval. Belles épreuves de deux jolis et rares portraits.

402 — Frey (Jacques de). L'amiral Tromp, d'après Lievens. M. d'Hauterive, conseiller d'État, et jeune homme d'après Rembrandt. Trois pièces.

403 — Goltzius (Henri). Jean Boll, peintre, 161. Frédéric II, roi de Danemarck, 166. Jean Golz, peintre sur verre, père de Goltzius, 171. J. Zurenus, 189. P. Galle, 170, signé *P. Mariette*. François d'Egmont, 158. Tête, n. 314 et le portrait de *Jean Durvenvoorden*, amiral hollandais, le nom écrit sur ce portrait, comme Bastsch l'indique. Goltzius à l'âge de quatorze ans, il tient à la main le portrait d'Henri IV. Sept portraits, belles épreuves; le dernier par *J.* de *Gheyn*.

404 — Haeften (Van). Baron J. Fred. Karg, 1709. Rare, décrit par Weigel.

406 — Henri II. Très joli portrait de ce prince, en haut la lettre H surmontée de la couronne royale. Pièce rare.

405 — Henri III. Au bas quatre vers français et *Thomas de Leu fec excud*.

407 — Portraits des rois Henri III et Henri IV. En regard dans des ovales, au bas deux tableaux représentant l'assassinat de Henri III, et Henri IV recevant la couronne de ce prince. Pièce rare et curieuse.

408 — Henri II. Au bas le monogramme R. B.

1580, qui doit indiquer Réne Boivin.

409 — HULSIUS (Frédéric). Charles V, roi d'Espagne. Catherine, reine de Portugal, sa sœur. Deux portraits rares.

410 — JODE (Pierre de). Saint Martin, d'après Jordaens.

411 — LASNE (Michel). Portrait en pied du cardinal Mazarin. Le même personnage dans une riche bordure, d'après P. de Champagne.

412 — LEU (Thomas DE). Portraits de Henri IV à différents âges. Philippe II, roi d'Espagne, saint Charles Boromée. Jolies pièces.

413 — LUTMA. Buste de ce graveur, très belle épreuve, *collection Debois.*

414 — MASSON (Antoine). Marin cureau de la chambre, R.-D., n. 21. Belle épreuve du premier état.

415 — Une épreuve du quatrième état et Turgot de Saint-Clair, maître des requêtes.

416 — MELLAN (Claude). Fouquet, épreuve avant la lettre. Balzac, Gabriel Naudet, etc. Quatre pièces.

417 — MORIN (Jean). Henri II, n. 59. Henri IV, n. 60. Louis XI, n. 63. Louis XIII, n. 64. Mazarin, rare, n. 68. Richelieu, n. 72. De Thou, n. 77. Vignerod, abbé de Richelieu, n. 85. Vitré, célèbre imprimeur, n. 83. Ces huit portraits, belles épreuves avec toute leur marge, plus, François Ier, n. 23, par *N. de Platte Montagne.* Cet article sera divisé.

418 — GAULTIER (Léonard). Plusieurs curieux portraits de Henri IV; ceux de Louis XIII et Anne d'Autriche dans des ovales avec riches ornemens. Cinq pièces, belles épreuves.

419 — Henri IV en buste, autour de ce portrait divers faits relatifs à la vie de ce prince. Estampe rare du temps, par un graveur inconnu.

420 — Ce même prince, *æt. anno* 44-1505. Au bas, une bataille où Henri IV, son cheval au galop, abat un cavalier ennemi.

421 — Ce même prince, par Ch. Alberti, n. 124.

422 — HOGARTH. Son portrait en pied par lui-même, 1764.

423 — HOLLAR (Wenceslas). Divers portraits d'après Holbein, de la collection d'Arundel; autres d'après Titien, dont l'Arétin, beau portrait. Douze pièces.

424 — HOPFER (Daniel). L'empereur Charles V, n. 80. Le roi François Ier, n. 81. Le pape Jules II, n. 55, ce dernier par Jérôme Hopfer. Trois pièces.

425 — HOUBRAKEN. Louis XV, roi de France, le chancelier Bacon, et portrait, d'après Paul Véronèse,

426 — MULLER (Jean). Albert, archiduc d'Autriche, Isabelle, infante d'Espagne. Deux beaux portraits d'après Rubens, n. 62 et 63 de son œuvre, par Basan.

427 — NANTEUIL. Beaumanoir de Lavardin, R. D.,

n. 35, premier état ; le même, troisième état et le premier état du Bassin, avant toute lettre. Trois pièces.

428 — Pomponne de Belièvre, deuxième état. Beau portrait.

429 — Le duc de Beaufort, le roi des halles, n. 33. Beau portrait du premier état. Rare.

430 — F. Blanchard, n. 39, premier état. Bosquet, n. 44, deuxième état. Le cardinal de Bouillon, 51. Bouthiller, archevêque de Tours, n. 56. Quatre portraits.

431 — Christine, reine de Suède, n. 67. Très belle.

432 — Le grand Condé, n. 79. Très belle, avec marge. Le maréchal duc de Créqui, n. 81. P. Dupuy, n. 88. Le duc d'Epernon, n. 91. Michel le Masle, n. 126, belle du premier état. Michel Letellier, n. 128, deuxième état. Cinq portraits.

433 — Paul de Lionne, n. 147, très belle épreuve du premier état. Lomenie de Brienne, très belle du premier état.

434 — Jean de Loret de Carenteu, poète, avant la virgule, au mot Loret, très belle épreuve avec marge.

435 — Louis XIV, n. 153. Très belle, du premier état.

436 — Louise-Marie de Gonzague, reine de Pologne, n. 164, très rare et très belle du premier état, plus, une épreuve du deuxième état.

437 — Cardinal Mazarin, trois différents portraits,

n. 175, deuxième état toute marge; n. 182, très belle; n. 186, belle du deuxième état, signée *P. Mariette.*

438 — Ménage, n. 188, premier état. F. Molé, n. 195, belle épreuve avec marge. Marquis de Mony. Henri de Lorraine, n. 197, rare épreuve du premier état, avec marge. Nesmond, n. 202, deuxième état. Sarrasin, n. 220. G. Scuderi, n. 221, premier état. Michel Letellier, n. 137, très belle épreuve du premier état, avec toute marge. Sept pièces. Cet article sera divisé. 28

439 — Michel de Marolles, n. 171. La duchesse de Nemours, 200, et les quatre évangélistes, d'après Champagne, n. 7. Trois pièces, belles épreuves. 6.50

440 — Passe (Crispin et Simon de). Charles Ier, roi d'Angleterre, rare. Henri, prince de Galles. Elisabeth, fille unique de Jacques Ier. Elisabeth, reine d'Angleterre, rare. Robert, célèbre médecin d'Oxford, Cinq pièces, plus Jacques, roi d'Angleterre, et Digby, comte de Bristol. Deux portraits dans le goût de de Passe, sans nom de maître.

441 — Catherine de Bourbon, sœur de Henri IV. Marguerite de Valois. La duchesse de Lorraine. Marie, baronne de Rébuis. Marie de Brabant, etc., six pièces. 100

442 — Guillaume de Clèves. Christian IV, roi de Danemarck. Albert d'Autriche, duc de

Bourgogne et sa femme. Isabelle, infante d'Espagne. Anne, fille de Maximilien. Marie de Brabant. Plusieurs des comtes de Nassau. Le duc de Bavière, etc., dix pièces, plusieurs rares.

443 — PESNE. Portrait du Poussin, n. 6.

444 — PONTIUS (Paul). Le duc d'Olivarès, d'après Velasquez. Wladislas, prince de Pologne. Deux pièces, belles épreuves d'apres Rubens.

445 — SADELER (Les) Marie de Médicis, et autres portraits, six pièces.

446 — SAVART. Louis XIV, Baylo, Colbert, avec la première adresse, Richelieu, La Bruyère, cinq pièces, belles épreuves.

447 — VISCHER (Les). Vondel, la mère de Vischer, Frobonius, célèbre imprimeur, d'après Holbein, Anne d'Autriche, d'après Van-loo. Quatre pièces.

448 — VORSTERMAN (Lucas). L'abbé Maugis, l'un des plus anciens amateurs d'estampes, d'après Champagne, Maximilien d'Autriche, d'après Rubens, David Téniers, peintre, d'après P. Thys. Quatre pièces.

449 — WIERIX (Les). Albert, archiduc d'Autriche, duc de Bourgogne, et Alexandre Farnèse, jolis portraits très finement gravés.

450 — WILLE (J. G.). Le comte de Lowendal, d'après Latour, le comte de Saxe, d'après Rigaud, deux pièces.

451 — WOERIOT (Pierre). Son portrait. n. 273, rare.

452 — ZENOI (Dominique). Graveur vénitien, vers 1550. (Bruliot, 2e vol. n. 669, est le seul qui en fasse mention). Portraits d'Emmanuel, duc de Savoie; Jean de la Valette, grand-maitre de l'ordre de Jérusalem; Charles, archiduc d'Autriche. Trois pièces plus le duc de Malboroug, par *Wolkuc*. 2.50

453 — Les empereurs d'Allemagne, portraits entourés de riches encadrements. Dix pièces gravées par *Sompel*, *Soutman* et *Suyderhoeff*. Belles épreuves avec marges. 28.50

454 — La femme de Rubens, d'après ce maitre, par *Dickinson*. Prince allemand par *Kimmart*. Portrait rare de Martin Luther, par *B. Jenicken*. Une princesse de Saxe, par *Lucas Kilian*. Galilée, B. 27, par *Lioni*. Charles-Emmanuel III, duc de Savoie, par *Mellini*. Maitresse du Titien, par *Prenner*. Jeune femme, d'après Rembrandt, par *Presler*. Portraits par *Sandart*. Jean Mathys, prophète hollandais, curieux. Portrait en pied de la reine Elisabeth d'Angleterre. Elisabeth, de l'ordre de saint François, fille de la reine de France, par *Van Sichem*. Laure, B. 248, par *En. Vico*, épreuve signée Mariette, et saint Georges, d'après le Titien. Quatorze portraits, par des graveurs allemands et italiens. Cet article sera divisé. Le Kain par *Saint-Aubin*. Robuste, abbé de Saint-Quentin, par *B. Audran*.

L'evêque de Noyon, par *Boullanger*. Galand, Maupertuis, J. B. Rousseau, Rigaud et sa femme, épreuve avant l'écriture au bas de la bordure, par *Daullé*. Le cardinal Fleury, par *Chereau*. Le duc de Vendôme, par *Chaureau*. Coustou, sculpteur, par *Dupuis*. Le duc de Choiseul, par *Fessard*. Le duc de Bourgogne, fils de Philippe-le-Hardi, par *Flipart*. L'abbé Maury, par *Godefroy*. Boyeau, intendant des jardins de Louis XIV, portrait rare par *G. Huret*. Waginston, par *Lemire*, J. Restout, peintre, par *Moitte*. Henri de Lorraine, marquis de Muy, par *Pitau*. Bossuet, par *Petit*. G. Bailly, beau portrait par *Simon*. Evêque de Rheims, de la Reynie, par *Van Schuppen*. Le duc de Bourgogne, père de Louis XV, par *Suzanne Le Moine*. Jouvenet, par *Trouvain*. La duchesse de . . . . par *S. Vouillemont*. Vingt et un portraits par des graveurs français. *Cet article sera divisé*.

8 455. — Robespierre et Petion, Charlotte Corday, pièce curieuse et rare, gravée par *F. Bartolozzi*, au bas deux sujets indiqués à la pointe, *l'assassinat de Marat*, et à gauche, des hommes accroupis pour faire leurs ordures, on lit au-dessous à rebours : *The great artist* (les grands artistes.

456 — Les généraux russes, prince Wolkonsky, comte Steinheil, Benkendorf, comte Langeron, Themicheff, comte Meloradvitch, prince Bragation, comte Sacken, Wittgenstein, comte Bennigsen. Dix portraits gravés au burin et à l'aquatinta, par *Z. Wriegh* et *G. Dawe*, par ordre de l'empereur Alexandre Ier.

457 — Vingt-sept pièces diverses de toutes les écoles.

LIVRES SUR LES ARTS.

Dictionnaires de Peintres, Graveurs, Catalogues, etc.

458 — BRULLIOT Dictionnaire des monogrammes, avec les suppléments, dernière édition, 3 vol. in-4. demi-rel. chagrin.

459 — BARTSCH. Le peintre graveur, Vienne 1803 et suivantes. 21 tomes en 22 volumes, (on a relié la table des matières séparément) in-8 cartonnés. Plus deux cahiers fac-simile d'estampes rares.

460 — WEIGEL (Rudolphe). Supplément au peintre graveur d'Adam Bartsch, Leipsick 1844. 1 vol. in-8 br.

461 — ROBERT-DUMESNIL (M.). Le peintre graveur français, Paris 1835 et années suivantes, 7 vol. in-8. br.

462 — BASAN. Dictionnaire des graveurs anciens et modernes, avec un grand nombre de

figures, Paris, 1789, 2 vol. in-8, rel. en basane.

Plus le catalogue de l'œuvre de Rubens, par Basan. (3e volume de l'édition de 1767).

5 463 — *Notice* sur les graveurs à monogrammes, etc., Besançon, 1807, 2 vol. in-8, demi-rel.

10 464 — DUCHESNE AÎNÉ (M.) Notice des estampes de la bibliothèque royale, Paris, 1837, in-8.
Voyage d'un iconophile, Paris, 1 vol. in-8, demi-rel.

29.50 465 — *Catalogue*. Mariette, Paris, 1775, 1 vol. in-8, rel. en veau. Avec les prix et les noms des acquéreurs.

16 466 — *Catalogue* d'estampes anciennes (Prevôt), par Regnault de la Lande, Paris, 1809.
Catalogue d'estampes anciennes (M Rossi), par Regnault de la Lande, Paris, 1821, in-8.
Catalogue d'estampes anciennes (Durand), Bénard, Paris, 1821, in-8.
Catalogue anglais, de Moon, Boys, et gravé avec les prix.

14 467 — *Catalogue* du cabinet Paignon Dijonval. Etat raisonné des dessins et estampes dont il est composé, rédigé par Bénard. Paris, 1810, in-4.

3 468 — *Catalogue*. Dessins et estampes du cabinet Silvestre, par Regnault de la Lande. Paris 1810, in-8, dem.-rel.

6.75 468 bis double

469 — *Catalogue* de l'œuvre de Sébastien Leclerc, par Joubert. Paris, 2 vol. in-8. 4.50

470 — Bosse (Abraham). Sentiments sur la distinction des manières de peintures. Paris, 1769, 1 vol. in-12. 3.25

Du même. Moyen universel de pratiquer la perspective sur les tableaux, etc., etc. Paris, 1753, in-8, parchemin. 5

471 — *Bulletin* (Le) des arts, guide des amateurs; les trois premières années. Paris, 3 vol. in-8, dem.-rel. 70

472 — Descamps. Vies des Peintres flamands et hollandais. Paris, 1752. Voyage dans le Brabant, par le même. Rouen, 1769. 5 vol. dem.-rel. veau. Portraits de Fiquet. 70

473 — Durer (Alberti). De symetria Partium in recti formis, 1550. Du même, de Varietate figurarum, etc., 1533, 2 tomes en 1 vol. in-fol., caractère gothique, bel exemplaire bien conservé. 6.75

474 — Felibien. Entretiens sur la vie et les ouvrages des plus excellents peintres. Paris, 1685, 2 vol. in-4. 9

475 — Gravelot et Cochin. Iconologie par figures du traité complet des allégories, emblêmes, etc. Paris, Lattré, 4 vol. fig., bel exemplaire en grand papier. 17

476 — Hogarth. Son œuvre. Londres, 1809, 1 vol. gr. in-4, reliure anglaise à nerf.

477 — Analyse de la beauté. Vie d'Hogarth et description de son œuvre. Paris, 1805, 2 vol. } 25

in-8, dem.-rel. et deux grandes planches.

478 — *Galerie Aguado*, publiée par Gavard, gr. in-fol. 36 pl. belles épreuves.

479 — LANDON. Les amours de Psyché et de Cupidon. In-fol. fig. au trait d'après Raphaël.

480 — LANZI. Histoire de la peinture en Italie, traduction de mademoiselle A. Dieudé. Paris, 1824, 5 vol. in-8, dem.-rel. en veau.

481 — LÉONARD DE VINCI. Recueil de têtes, charges, caricatures, charges, etc., par de Caylus. 1730, 1 vol. in-4, basane.

482 — LÉONARD DE VINCI. Traité de la peinture, 1 vol. 12 fig.

483 — QUILLET. Dictionnaire des Peintres espagnols. 1 vol. in-8, rel. en basane.

484 — Tableaux du temple des Muses. Paris, 1655, recueil de 57 pl. in-fol. avec la pl. de Salmacis.

485 — WINKELMAN. Ses œuvres, 2 vol. in-4, demi-rel. fig. Ces deux volumes parurent d'abord seuls en 1793.

486 — RAPHAEL MENGS. Œuvres complètes. Paris, 1786, 2 tomes en 1 vol. dem.-rel.

487 — Les articles omis au présent catalogue.

3349 IMPRIMERIE DE MAULDE ET RENOU, RUE BAILLEUL, 9.

www.ingramcontent.com/pod-product-compliance
Ingram Content Group UK Ltd.
Pitfield, Milton Keynes, MK11 3LW, UK
UKHW021641260726
13994UKWH00003B/1231

9 782329 076867